GRIN - Verlag für akademische Texte

Der GRIN Verlag mit Sitz in München und Gründung im Jahr 1998 auf die Veröffentlichu lisiert.

Die Verlagswebseite http://www.grin.com/ ist für Studenten, Hochschullehrer und andere Akademiker die ideale Plattform, ihre Fachaufsätze und Studien-, Seminar-, Diplom- oder Doktorarbeiten einem breiten Publikum zu präsentieren.

Dokument Nr. V63000 aus dem GRIN Verlagsprogramm

Dennis Schmidt

Der Stand der Forschung zur griechischen Sklaverei

Ansätze, Probleme und Diskussionen

Dennis Schmidt

Der Stand der Forschung zur griechischen Sklaverei

Ansätze, Probleme und Diskussionen

GRIN Verlag

Bibliografische Information Der Deutschen Bibliothek: Die Deutsche
Bibliothek verzeichnet diese Publikation in der Deutschen Nationalbibliografie; detaillierte bibliografische Daten sind im Internet über http://dnb.ddb.de/ abrufbar.

1. Auflage 2003
Copyright © 2003 GRIN Verlag
http://www.grin.com/
Druck und Bindung: Books on Demand GmbH, Norderstedt Germany
ISBN 978-3-638-65906-2

Justus-Liebig-Universität Gießen
FB 04 Geschichts- und Kulturwissenschaften
Proseminar „Griechische Sklaverei"
Wintersemester 2002/2003

Der Stand der Forschung zur griechischen Sklaverei

Ansätze, Probleme und Diskussionen

Dennis Schmidt
3. Fachsemester
Studiengang: Fachjournalismus Geschichte

Inhaltsverzeichnis

Einleitung 3

Forschungsrichtungen 4
- Antike Autoren (400 v. Chr. bis 400 n. Chr.) 4
- Mittelalterliche Forschung (4. bis 14. Jahrhundert) 5
- Humanismus (14. bis 17. Jahrhundert) 5
- Abolitionismus/Aufklärung (18./19. Jahrhundert) 6
- Marxismus (19./20. Jahrhundert) 9
  - *Die Theorie* *9*
  - *Die Anwendung* *10*
  - *Meinungsverschiedenheiten* *13*
  - *Nach 1990* *14*
- „Anti-Marxismus" (20. Jahrhundert) 15
- Neueste Forschung 16

Problemfelder 18
- Die Menge der verfügbaren Quellen 19
- Die Rolle des Christentums 19
- Die Anzahl der Sklaven und ihr Anteil an der Gesamtbevölkerung 20

Fazit 22

Literaturverzeichnis 23

Einleitung

In dieser Hausarbeit soll im Folgenden der Frage nachgegangen werden, in welchen „wissenschaftlichen Entwicklungsstufen" sich die Erforschung der griechischen Sklaverei abgespielt hat. Dabei soll anhand einer chronologischen Abfolge der jeweiligen Forschungsrichtungen geklärt werden, inwieweit Zeitgeist und/oder Ideologie in die wissenschaftliche Forschung hineingespielt haben. Für das Verständnis der Ergebnisse ist dieses Hintergrundwissen (wie etwa die geistigen Strömungen der Zeit, die Förderer/Gegner des jeweiligen Wissenschaftlers) enorm wichtig. Deshalb soll hierauf ein besonderes Augenmerk gelegt werden[1]. Die einzelnen, in dieser Hausarbeit aufgestellten und anerkannten Trennlinien, wie z. B. Humanismus <-> Aufklärung verlaufen allerdings nicht erkennbar durch die Zeit, sondern sind nachträglich künstlich eingewoben. Sie sollen nur der Einteilung der Arbeiten in die jeweilige Zeit dienen. Im Wesentlichen sind die letzten 150 Jahre Forschung zu berücksichtigen (nach: Vogt (97)).

Eine wesentliche Bedeutung (in der Erforschung und in dieser Hausarbeit) kommt dabei dem marxistischen Standpunkt zu, von dem wichtige Impulse die Sklaverei betreffend ausgegangen sind[2]. Demgegenüber sind die Entwicklungslinien in der westlichen, also offiziell „nicht-marxistischen" Welt zu erwähnen. Hier sind besonders Joseph Vogt und die von ihm initiierte Reihe „Erforschungen zur antiken Sklaverei" zu nennen[3], die in den folgenden Kapiteln noch ihre Erwähnung finden werden. Aber nicht nur die weite Vergangenheit soll Thematik dieser Hausarbeit sein; in einem eigenen Kapitel sollen auch neuere Beiträge zur Erforschung der Unfreiheit in der Antike genannt werden.

---

[1] Auch Vittinghoff legt hierauf großen Wert. Er meint, „dass Aussagen über den Ablauf der Geschichte … vom Wissensstand und der Forschungsrichtung, aber auch vom Zeitgeist abhängig" seien (476).
[2] Fast alle im Literaturverzeichnis angegebenen Autoren sind sich einig über den besonderen Stellenwert der marxistischen Lehre, was die Erforschung der Sklaverei betrifft. Erwähnt in diesem Zusammenhang seien hier nur Vogt: „Die marxistischen Forscher in den osteuropäischen Ländern (entfalteten) die stärkste Energie in der Erforschung der Sklaverei." In: Sklaverei und Humanität, Ergänzungsheft (108), und Vittinghoff, der von einem „provozierend schöpferischem Anstoß" spricht (478).
[3] Auch in diesem Punkt herrscht Einigkeit unter den Autoren. Besonders erwähnenswert in diesem Zusammenhang scheint die Aussage von J. A. Lencman, die zur Zeit des Kalten Krieges (im Jahr 1966) lobende Worte für die Arbeiten Vogts, des bourgeoisen Klassenfeindes, fand: Er sei „einer der hervorragendsten Spezialisten für Alte Geschichte" (70).

Eine generelle Problematik des Themas besteht darin, dass nur selten explizit auf die Erforschung der *griechischen* Sklaverei eingegangen wird. Vielmehr ist diese mit der Erforschung der römischen eng aneinander gekoppelt. Oft ist also mit dem Begriff der Sklaverei pauschal der in der Antike gemeint, obwohl eine genaue Differenzierung wegen der vielen Unterschiede (etwa die Freilassungspraxis) mehr Sinn machen würde.

Forschungsrichtungen

Der Kern aller Argumentationslinien drehte sich seit dem Aufkommen der marxistischen Forschungslehre lange Zeit um die Frage, inwieweit die Sklaverei in Griechenland (und auch im Römischen Reich) die Grundlage der Produktion war oder nicht und sie „als einheitliches übergreifendes Phänomen der griechisch-römischen Welt"[4] betrachtet werden kann. Doch auch schon vor den zum Teil heftigen Auseinandersetzungen zwischen den Gelehrten aus Ost und West wurden Untersuchungen über den „Sklavenhalterstaat", wie W. I. Lenin ihn nannte, angestellt.

Deshalb soll nun im Zeitraffer ein kurzer Überblick von den zum Teil sehr unterschiedlichen Ansichten über die Antike, die übrigens auch Nicht-Wissenschaftler aufstellten, bis ins 17./18. Jahrhundert hinein gegeben werden. Danach wird der marxistischen und der westlichen Erforschung Platz eingeräumt. Theoriebildungen sollen dabei ebenso vorgestellt werden wie einzelne Ergebnisse der althistorischen Forscher.

Antike Autoren (400 v. Chr. bis 400 n. Chr.)

Die Gedanken der „Alten" sind aus zwei besonderen Gründen wichtig für die Erforschung der Sklaverei: Zum einen geben sie Aufschluss darüber, was sie über diese Institution gedacht haben (wenn sie sie erwähnt haben). Zum anderen dienen sie als wichtige Quelle für die heutigen Forscher, mit deren Hilfe ein genaueres Bild gezeichnet werden kann.

Die meisten der uns bekannten Denker aus der griechischen Zeit, wie zum Beispiel Platon, waren zwar in intensivem Kontakt mit der Sklaverei, hatten sogar unter Umständen eigene Diener und bemerkten wahrscheinlich die oftmals unmenschliche

Behandlung. Doch erwuchs daraus in den meisten Fällen nie eine Ablehnung dieser Institution. Denn die Sklaverei existierte „aufgrund der der naturgegebenen Verschiedenheit der Menschen"[5], war also gegeben und nicht veränderbar. Sklaven waren selbstverständlich, deswegen machten sich die wenigsten Denker Gedanken über sie.

„Weder von der Philosophie noch von der Rechtswissenschaft oder dem aufkommenden Christentum wurde eine Abschaffung der Sklaverei gefordert bzw. die Institution der Unfreiheit in Frage gestellt", zieht Brockmeyer ein Fazit der Bemühungen in der Antike (10).

Mittelalterliche Forschung (4. bis 14. Jahrhundert)

Für die Jahre nach dem Ende der römischen Herrschaft erscheinen in der Literatur keine Angaben über etwaige Forschungen über die Antike. Bis ins weite Mittelalter hinein ist anscheinend keine Anstrengung zu erkennen, die auf ein Befassen mit der Problematik hindeuten würde. Allerdings spielt das Mittelalter aus einem anderen Grund eine wichtige Rolle. Flavio Biondo lebte zu dieser Zeit (1348-1463) und gilt heute als der „Begründer der Wissenschaft von den Altertümern"[6].

Fast alle Autoren setzen den Beginn der (vor allem kritischen) wissenschaftlichen Beschäftigung mit der Sklaverei, ihrer Stellung in der Gesellschaft, der Anzahl der Sklaven und ihrem Anteil an der Bevölkerung, der Haltung der Sklavenbesitzer, dem Alltagsleben der Geknechteten in die Zeit des Abolitionismus, also dem Bestreben nach der Abschaffung der modernen Sklaverei in den amerikanischen Kolonien[7].

Humanismus (14. bis 17. Jahrhundert)

Moses I. Finley bietet in diesem Zusammenhang die einzige Ausnahme[8]. Nach ihm[9] veröffentlichte bereits im Jahr 1608 der Friese Titus Popma „De operis servis libri", eine der ersten Bibliographien überhaupt, die sich mit dem Thema der Sklaverei zur Zeit der (griechischen) Herrschaft beschäftigte. Sicherlich erreichte sie nicht die

---
[4] Alföldy (6).
[5] Aristoteles, pol. I 1252a, zitiert nach: Brockmeyer (6).
[6] Vogt: Die Humanisten und die Sklaverei. In: Sklaverei und Humanität, 1. Auflage (116).
[7] So setzt Vogt zum Beispiel den Beginn der Erforschung in das Ende des 18. Jahrhunderts (97).
[8] „… those who assert that the modern interest in ancient slavery began with the Enlightenment and abolitionism have been looking for the wrong things in the wrong place." In: Finley, Ancient Slavery and modern ideology (23).
[9] Finley, Ancient Slavery and modern ideology (23). Auch Bellen verweist auf das Werk Popmas (307).

Qualität der heutigen Bibliographien, auch aus dem einfachen Grund, dass die Vielzahl der heute bekannten antiken Quellen noch nicht wieder entdeckt oder übersetzt waren, doch bildet sie vielleicht den Anfang der wissenschaftlichen Beschäftigung mit dem Thema. Diese „Bibliographie" wurde in den folgenden Jahren weitere drei Mal neu aufgelegt, dies zeigt das Interesse der Gelehrten schon damals an diesem Thema.

Die Humanisten, also Dichter, Denker und Gelehrte im 14. bis 17. Jahrhundert, hatten ein anderes Bild vom Griechentum als wir es heute haben. Ohne Zweifel waren sie von den hehren Idealen des Hellenismus derart geblendet, dass eine kritische Hinterfragung der Sklaverei nicht stattfand; auch nicht, als seit Beginn des 16. Jahrhunderts wieder Sklaven en masse für die Kolonien in den nordamerikanischen Baumwollplantagen herangeschafft wurden. Weder Carlo Sigone, Thomas von Aquin, Werner Jaeger noch Frank Suarez[10] widersprachen der Einrichtung der Sklaverei, sondern rechtfertigten sie als naturgegeben oder durch einen Sündenfall des jeweiligen Versklavten oder nahmen sie schlicht nicht wahr. Vogt geht soweit, dass „sie .. zusammen mit den Vertretern des damals rezipierten römischen Rechts eine gewisse Rechtfertigung der Sklaverei" vertreten hätten[11]. Die meisten dieser Denker übernahmen die Rechtfertigungen, die sie in den Quellen fanden, sahen dabei aber nicht den Widerspruch zwischen dem von ihnen angestrebten Humanismus und der eigentlich inhumanen Sklaverei. Weil sie von der hohen Kunst der Griechen geblendet waren, blendeten sie die Sklaverei entweder aus ihren Überlegungen aus oder unterbewerteten sie dementsprechend. Dies kann aus der heutigen Sicht leicht als Vorwurf genommen werden, allerdings muss man auch sehen, dass viele Teile der damaligen Gesellschaft (wie z. T. auch heute noch), auf das antike Ideal aufgebaut waren und deswegen sich die kritische Haltung gegenüber Griechenland erst sehr langsam entwickelte.

Abolitionismus/Aufklärung (18./19. Jahrhundert)

Erst mit dem Beginn der Aufklärung (von Frankreich ausgehend) und des Abolitionismus, mit deren Einsetzen die Begriffe der Brüderlichkeit, Einheit und Freiheit in den Vordergrund rückten und so unweigerlich auf das Griechenbild der damaligen

---

[10] Vergleiche Vogt: Sklaverei und Humanität, 1. Auflage (116 ff.).
[11] Zudem meint Vogt, dass sie die strukturelle Bedeutung der antiken Leibeigenschaft komplett übersehen haben. In: Vogt, Sklaverei und Humanität, 2. erweiterte Auflage (1).

Gesellschaft, von den Humanisten bis dato übernommen, einwirkten, wurde die herrschende (hohe) Meinung von den Hellenen hinterfragt[12]. Mit dem Bild der modernen Sklaverei in Nordamerika vor Augen untersuchten viele Gelehrte zu dieser Zeit die Sklaverei. Zudem kämpften viele Menschen aktiv und intensiv (z. B. die Quäker, die ihren Anhängern sehr früh verboten, Sklaven zu besitzen) gegen die Sklaverei.

In dieser neuen Phase entstand das Werk von Henri Wallon (1847: Histoire de l'esclavage dans l'antiquite[13]) als Arbeit zu der Preisaufgabe der Pariser Academie (siehe: Problemfelder -> Die Rolle des Christentums), das in den folgenden Jahren großen Einfluss ausüben sollte und lange die Richtung der Forschung vorgab. Die abolitionsitische Haltung kam darin ganz klar zum Vorschein; als Fazit war die Sklaverei die Ausgeburt des Bösen. Ein Jahr nach dessen Erscheinen schafften die Franzosen in ihren Kolonien die Sklaverei offiziell ab. Diese Tatsache zeigt klar die öffentlichen Tendenzen in der Zeit, die sich auch in den damaligen Werken niederschlug.

Besondere Aufmerksamkeit schenkte Friedrich Creuzer der Sklaverei. In seinem „Abriss der römischen Antiquitäten" aus dem Jahr 1824 widmete er ein ganzes Kapitel der Unfreiheit im Altertum, was keine Selbstverständlichkeit war.

Bereits im Jahr 1812 war das Werk von A. H. L. Heeren mit dem Titel „Ideen über die Politik, den Verkehr und den Handel der vornehmsten Völker der Welt" erschienen. Er rechtfertigte allerdings noch die Sklaverei, weil sie die kulturelle Blüte Griechenlands ermöglicht hatte. Man sieht also, dass zur Zeit der Aufklärung nicht nur aufklärerische Werke entstanden. Ein weiteres Beispiel dafür kann ein Zitat von dem Historiker Heinrich Treitschke sein, der 1875 meinte: „Sicherlich sind die Tragödien des Sophokles und der Zeus des Pheidias um den Preis des Sklavenhandels nicht zu teuer erkauft."[14]

---

[12] Auch in diesem Punkt widerspricht Finely. Er meint, dass nicht die Aufklärer die Debatten angestoßen haben, sondern nur Teilaspekte der Sklaverei betrachteten. Er führt in diesem Zusammenhang auch mehrere Werke aus der Zeit der Aufklärung an, die bei der Untersuchung der Antike nicht oder nur sehr knapp auf die Sklaverei eingingen. So z. B. der Abbe Barthelemy, der 1789 „Voyages du jeune anarchis en Grece" verfasste und dabei kein Wort über die Sklaven verlor. Oder Karl-Otfired Müller, der in den „Doriern" (1824 erschienen) nur auf 20 von 1000 Seiten das Problem der Sklaverei anführt.
[13] Vogt nennt diese Werk „die erste umfassende Monographie über den Gegenstand" der Sklaverei. In: Finley: Slavery in classical antiquity (19).
[14] Zitiert nach: Vogt: Sklaverei und Humanität, 1. Auflage (128).

In der zweiten Hälfte des 19. Jahrhunderts war das alte Griechenland besonders unter ökonomischen Gesichtspunkten interessant geworden. K. Rodbertus, der die Griechen als „Oikenwirtschaft titulierte, Karl Bücher oder auch Max Weber, der die Antike schon als kapitalistische Wirtschaft bezeichnete[15], untersuchten das Altertum unter diesen Gesichtspunkten.

Die ersten Bemühungen zur Erforschung der Bevölkerungszahl im alten Griechenland fanden ihren Ausdruck in dem 1854 erschienenen Band „Römische Geschichte" von Mommsen. Er unternahm zum ersten Mal den Versuch, dieses Thema in seiner Gesamtheit darzustellen und legte dabei auch sein Augenmerk auf die Sklavenzahl (siehe: Problemfelder -> Sklavenzahl).

Bis 1869 erschien nach Finley keine weitere Abhandlung, die sich auch nur im Entferntesten mit der Sklaverei beschäftigte. In diesem Jahr erschien schließlich „Besitz und Erwerb im griechischen Alterthume" von Büchsenschütz, der sich in einem Sechstel des Buches mit der Sklaverei beschäftigte.

Schließlich kam im Jahr 1898, neu aufgelegt 1910 und 1924, „Slavery in Antiquity" heraus, das von Eduard Meyer geschrieben wurde. Er stand in sehr starkem Gegensatz zu dem aufkommenden Gedanken in der Geschichtswissenschaft von dem Ablauf der Geschichte in Etappen und blockte lange Zeit den Einfluss des Marxismus in Deutschland im ausgehenden 19. Jahrhundert ab. Karl Marx, Karl Bücher und Max Weber, die Garlan in „political" und „economic" unterteilt[16], hingen dieser Theorie des Marxismus an (siehe: Marxismus).

Festzustellen bleibt, dass die griechische Sklaverei in dieser Zeit keine eigenen Forschungsrichtung war, sondern nur Bestandteil der Erforschung der Antike. Allerdings ist eine immer größer werdende Beschäftigung mit diesem Thema festzustellen.

---

[15] Vergleiche hierzu: Brockmeyer (18).
[16] Vgl: Garlan (3).

Marxismus (19./20. Jahrhundert)

Die Theorie

Marx und Engels haben dem Willen zur Erforschung der Antike wie erwähnt neuen Antrieb gegeben. Sie untersuchten im Zusammenhang mit ihrer Theorie der Klassengesellschaften auch die Gesellschaftsformen in der Antike. Wenn die beiden Gelehrten aus dem 19. Jahrhundert von der Antike sprachen, dann meinten sie damit nicht den gesamten Zeitraum der Antike, sondern nur kurze Abschnitte, die sie zu einem Ganzen zusammenfassten[17].

Bei ihren Überlegungen kamen sie zu dem Schluss, dass in der Menschheitsgeschichte eine Gesellschaftsform auf die andere folgte. Für die Antike bedeutete das, dass vor dieser Zeit die klassenlose Urgesellschaft geherrscht hatte und die „Sklavenhaltergesellschaft" später durch den Feudalismus abgelöst wurde. Die „Sklavenhaltergesellschaft" war die erste, die Menschen in zwei Klassen teilte, den Sklaven (später Leibeigenen und Lohnarbeiter) und den Sklavenbesitzer (abgelöst durch den Feudalherren und den Kapitalisten). Die Sklaverei war nach ihrer Ansicht die Grundlage der gesamten Wirtschaft. Neben dieser antiken Gesellschaft sahen Marx/Engels auch noch eine asiatische, die in diesem Zusammenhang aber nicht interessieren soll (nur soviel: die beiden sahen die menschliche Entwicklung in diesem Punkt zweigeteilt und trennten die asiatische Produktionsweise von der europäischen).

Marx und Engels, die auch auf frühere Werke aufbauten, wie z. B. das 1789 erschienen Werk von J. F. Reitemeier, das den Sklaven eine zentrale Rolle zukommen ließ, wandten sich auf diese Weise von der Ansicht der (Neu)Humanisten ab, die das Griechenbild idealisiert hatten. Sie, die sie beide humanistische Bildung erfahren hatten, schlussfolgerten, dass in der Antike die Gesellschaft, die Wirtschaft und das gesamte Leben auf der Sklavenarbeit (der Basis) beruhten, die von den Freien (dem Überbau) überwacht wurde. Dabei gingen sie von hohen Sklavenzahlen für den gesamten antiken Raum aus (siehe weiter unten: Problemfelder -> Sklavenzahl).

---

[17] Vittinghoff nennt „ein paar griechische Gemeindestaaten", Athen und das Rom der Krisenzeit (479), auf die sich Marx und Engels beriefen.

Die Sklaverei im klassischen Altertum und die damit verbundene Gesellschaftsordnung musste nach ihrer Ansicht durch eine Revolution abgelöst worden sein, russische Forscher hatten lange Zeit Probleme damit, diese Vorgabe der beiden in ihre Forschungen einzuarbeiten (siehe: Die Anwendung).

Moralisch verwerflich erschien ihnen die Sklaverei allerdings nicht. Engels sah die Sklaverei in seinen beiden wichtigen Werken, die sich mit der Sklaverei im weitesten Sinne beschäftigen („Anti-Dühring" und „Der Ursprung der Familie"), als „eine Notwendigkeit im fortschrittlichen geschichtlichen Prozess."[18]

Erwähnenswert in diesem Zusammenhang scheint die Tatsache, „that the total of Marx's scattered comments on ancient slavery amounts to no more than a few pages, and that most of those are contained in seven notebooks, now generally known as the *Grundrisse*."[19] Dies macht klar, dass Marx und Engels eigentlich keine genaue und gründliche Analyse der Antike abgeliefert, sondern sie nur auf ihren Zusammenhang mit der modernen Welt, dem Kapitalismus, hin untersucht haben[20].

Die Anwendung

Auf diese paar Seiten Notizheftchen stützte und berief sich in den folgenden Jahren, besonders seit der Oktoberrevolution in Russland, die marxistische Forschungsrichtung und versuchte, die Gedanken weiterzuentwickeln. Marxismus wurde spätestens seit der Mitte der dreißiger Jahre Staatsansicht, seit dieser Zeit entstanden auch immer mehr Untersuchungen, nachdem in den vorigen Jahren die Sklaverei wenig Beachtung gefunden hatte. Wesentlichen Einfluss auf die Entwicklung hatten W. I. Lenin (1929 erscheint zum ersten Mal „Über den Staat", in dem die These aufgestellt wird, in der Antike sei die erste Klassenteilung vollzogen worden[21]) und später I. W. Stalin (er war der Ansicht, dass eine Revolution die antiken Produktionsverhältnisse beseitigt haben müsse), die den „historischen Materialismus" mit eigenen Untersuchungen weiterentwickelten.[22]

---

[18] Zitiert nach: Vittinghoff (486).
[19] Finley: Ancient slavery and modern ideology (40).
[20] Finley geht sogar noch weiter: „Pre-capitalist (or non-capitalist) forms of property and production were of the greatest significance, not in themselves but as the basic structures in the unfolding in human history." Und weiter unten führt er aus, "that Marx paid little attention to slavery as such." Finley (41). Vittinghoff sieht die Schwierigkeit, dass „wir nur mehr oder weniger zufällige Äußerungen haben."
[21] Lencman sieht in diesem Jahr 1929 den Beginn der zweiten Periode der sowjetischen Forschung (45).
[22] Vittinghoff spricht ihnen jedoch die eigentliche Kompetenz dafür ab: „In der Tat gibt es wohl keine von

Doch neben den Impulsen, die vom Marxismus ausgingen, war auch die Ideologisierung der Geschichte eine Folge des Marxismus[23].

Aber auch schon vor dem Jahr 1919 gab es viele Anhänger der Marx'schen Theorie. B. Büchsenschütz, Karl Bücher (er sah, nach Brockmeyer[24], in der Antike Aufstände, die schon sozialistischen Charakter gehabt hätten), Robert von Pöhlmann, Arthur Rosenberg und schließlich Ettore Ciccotti (er sieht den Klassengegensatz zwischen Kapitalisten und Proletariern anstatt zwischen Freien und Sklaven und liefert nach Reitemeier die zweite Gesamtdarstellung der Sklaverei ab) standen den Ideen von Marx und Engels sehr nahe.

1934 erschien die „Geschichte der antiken Sklavenhaltergesellschaften" von Tjumenev aus Russland. Im gleichen Jahr wurden an der Moskauer und Leningrader Universität Lehrstühle für die Alte Geschichte errichtet.[25] Bereits ein Jahr zuvor fand eine Konferenz zum Thema der Sklavenrevolution statt. Dies zeigt deutlich den Einfluss Stalins auf die Arbeitsweise und die Themen der russischen Geschichtswissenschaftler. Seitdem teilte sich die Welt in zwei Lager; auf der einen Seite die marxistische, auf der anderen die bürgerliche oder bourgeoise. Allerdings ist die Feststellung wichtig, dass die Trennlinie bürgerlich <-> marxistisch nicht am Eisernen Vorhang entlang verlief, sondern auch westliche Geschichtswissenschaftler der marxistischen Lehre nahe standen (wie z. B. G. Thomson, L. Gernet, A. Bonnard und nicht zuletzt M. I. Finley mit dem „sociological approach", also der Analyse unter sozialen Kriterien, der neben Vogt der wahrscheinlich wichtigste Wissenschaftler zur antiken Sklaverei)[26]. Allerdings machten diese in den „kapitalistischen" Ländern quantitativ nur einen geringen Bruchteil aus, besonders im amerikanischen Raum war die Einwirkung marxistischer Ideen am schwächsten. Nur Finley ist als echte Größe aus Amerika bekannt. Dieser musste sogar unter McCarthy seine Professur aufgeben, weil es als kommunistisch erschien. Und auch im streng regierten Osten, in dem Sieben-Jahres-Pläne für die Erforschung der antiken Sklaverei aufgestellt wurden, in dessen Zeitraum bestimmte Themenfelder

---

Lenin und Stalin, die ein selbstständiges Studium antiker Texte ... verrät" (495).
[23] Vergleiche hierzu: Bellen (310).
[24] Siehe: Brockmeyer (25/26).
[25] Vittinghoff sieht hier den Umschwung der sowjetischen Forschung. Lencman hingegen setzt den Zeitpunkt etwas früher an. Bereits 1922 sei mit den Arbeiten von Tjumenev die erste marxistische Arbeit abgeliefert worden, die die griechische Polis als „sklavenhalterisch" definierte.
[26] Lencman sieht diese als offen oder sich nähernd an. Demgegenüber sieht sie die Gruppe um Vogt, die „auf der Basis der bourgeoisen Ideologie" stehe, dabei aber „die Leistungen der sowjetischen Geschichtsforschung" anerkenne (64).

abgearbeitet werden mussten, waren Meinungsverschiedenheiten, was die Auslegung der marxistischen Theorie betraf, an der Tagesordnung. Wichtige Werke der frühen Phase in der Sowjetunion sind die Ergebnisse von S. I. Kovalev („Die Lehre von Marx und Engels über die Produktionsweise in der Antike") und A. V. Misulin („Über die Reproduktion in der antiken Gesellschaftsformation"), die beide 1932 herausgegeben wurden.

In den ersten Jahren der sowjetischen Forschung wurde jedoch anscheinend keine ausreichend wissenschaftlich fundierte Forschung durchgeführt. So haben die Ost-Forscher ohne Blick in die Originalquellen Untersuchungen angestellt[27]. Hauptthema sei nach Vittinghoff die Frage nach dem Übergang von dem Sklavenhalterstaat zum Feudalstaat, also die Frage nach der Form der Revolution, die wichtigste Aufgabe gewesen.[28] Seit den fünfziger Jahren sei ein größeres Bewusstsein der russischen Forscher die Einzelprobleme betreffend festzustellen. Besonders die Frage nach den Formen der Sklaverei in Griechenland und die Termin für die Sklaven zogen die Aufmerksamkeit der Forscher auf sich. Der geographische Schwerpunkt in der Sowjetunion verschob sich mit den Jahren von Leningrad nach Moskau.

In den 40-er Jahren war besonderes Thema die Sklavenrevolution, immer untersucht unter dem Diktum des strikten Gegensatzes Sklaven <-> Sklavenhalter. Diese These Stalins versuchten sie mit Inhalt zu füllen. Die Forscher kamen zu dem Schluss, dass seit dem 3. Jahrhundert die Sklaven gemeinsam mit den Kolonen (also frühen, an die Scholle gebundenen Bauern) einen Aufstand gewagt hätten[29].

Besonderes Augenmerk legten die Gelehrten vor allem auf die antike Sklaverei in den heute russischen Gebieten (v. a. Skythien). Die Sklaverei im nördlichen Schwarzmeergebiet wurde etwa 1954 von V. D. Blavatskij ausgiebig untersucht. Weniger interessant schien wohl die Untersuchung des von Marx als elementar empfundenen Klassenkampfes. Lencman spricht von einer „ernsten, durch nichts gerechtfertigten Lücke in unserer Literatur" (62).

---

[27] So ein Leitartikel im VDI im Jahr 1956: „Ein gründliches Studium der schriftlichen Quellen muss nicht auf Übersetzungen, sondern auf dem Original beruhen", zitiert nach: Vittinghoff (504).
[28] Vittinghoff (520).
[29] Brockmeyer sieht allerdings dafür keine Beweise und verweist auf die Tatsache, dass auch andere soziale Schichten an den Unruhen teilgenommen hätten (43-48).

Im Osten taten sich zwei Zeitschriften hervor, die den Stand der russischen Forschung widerspiegelten. Es sind dies die „Vestnik drevnej istorii" (VDI), die bereits 1937 gegründet wurde, und die „Forschungen zur Geschichte der Sklaverei", die von der Moskauer Akademie der Wissenschaften herausgegeben wird.

Im Verlauf des Kalten Krieges blieb auch die Geschichtserforschung nicht von den Ideologiegegensätzen verschont. In den Zeitungen wurden starke Gegensätze zwischen Ost und West aufgebaut, die der Erforschung, der eigentlichen Aufgabe der Wissenschaftler, weniger Platz einräumte. Stattdessen wurden die Wissenschaftler dazu gedrängt, ideologische Kämpfe zu führen. Dieser Zustand ist natürlich nicht auf den Osten beschränkt, sondern genauso gut im Westen zu finden. So entwerfe die bourgeoise Geschichtsforschung ein „durch und durch lügenhaftes Bild"[30], verkündete die VDI im Jahr 1949.

Meinungsverschiedenheiten

Obwohl der Staat den östlichen Forschern sehr genau auf die Finger schaute, gab es auch viele Meinungsverschiedenheiten. A. V. Misulin zum Beispiel unterstrich die Tatsache, dass die Sklaven sich nur durch Zufluss von außen vermehren konnten, also Eroberungskriege geführt werden mussten. Damit stieß er aber nicht nur auf offene Ohren, A. G. Prigozin wehrte sich sehr gegen diese These. Ein weiteres Beispiel: In den Jahren 1951 – 56 war besonders der Untergang der Sklavenhaltergesellschaft Thema der Debatten. Wann sollte sich dieser Untergang abgespielt haben? In den Jahren der Kaiserzeit, argumentierte A Ranowitsch, im Laufe des vierten Jahrhunderts sah dagegen E. M. Schtajerman das Ende der Antike. Welche Rolle spielten dabei die „Barbaren"? Andreev sieht in ihnen den Motor der Revolution, Sinotenko dagegen meint, dass die „Barbaren" keine Helfer beim Umsturz des Systems gewesen sein konnten. Komplett aufgegeben hat zum Beispiel Seyfarth die Revolutionsthese Stalins[31]. Zudem gaben viele Forscher zu, dass zwar ein Klassenkampf, aber kein Klassenbewusstsein geherrscht habe. Schtajerman brach mit manchem marxistischem Gesetz und vertrat die Ansicht, dass auch innerhalb der Sklavenschicht große Unterschiede geherrscht hätten.

---

[30] Zitiert nach: Vittinghoff (498).
[31] Alle zitiert nach: Brockmeyer (48-56).

Nach 1990

Bereits im Jahr 1988, also ein Jahr vor dem Fall der Mauer in Deutschland, konstatierte Gescha Alföldy in ihrem Buch „Antike Sklaverei. Widersprüche – Sonderformen – Grundstrukturen", dass „die Zeiten .. jedoch vorüber zu sein (scheinen), in denen marxistische und ‚bürgerliche' Historiker einander im Hinblick auf die Frage, ob wir das griechisch-römische Altertum als eine ‚Sklavenhaltergesellschaft' zu bestimmen haben oder nicht, wie in einem Religionskrieg bekämpften" (3).

Nach dem Zusammenbruch der Sowjetunion und dem Fall der Mauer in Deutschland mussten sich die russischen Forscher neue Leitlinien suchen. Neue Begriffe wurden eingeführt und die alten kritisch hinterfragt. So bemerkte V. I. Kuziscin, Leiter des Instituts für alte Geschichte an der Lomonosov-Universität in Moskau, bereits 1987, „dass eine ganze Reihe prinzipieller Fragen der Geschichtstheorie und -methodologie präzisiert und vervollständigt werden muss, und dass einige dogmatische, heutzutage veraltete Thesen teilweise zu verwerfen sind."[32] Bellen geht so weit, nach 1990 laufe dies auf „eine völlige Neuorientierung der sowjetischen Altertumswissenschaft" hinaus."[33]

Die vom Staat vorgegebenen Begriffe wie Basis und Überbau, das Korsett, in das die Ergebnisse der russischen Forschung eingepasst werden mussten, fallen nun weg. Die heutigen russischen Forscher müssen neue Arbeitsmethoden ausfindig machen und ihre „Sprache gründlich ändern, weil die früher verwendeten Klischees und Wortbildungen nicht mehr den neuen Vorstellungen" entsprechen[34].

Die ersten Probleme, die den sowjetischen Wissenschaftlern zugesprochen wurden (also die schon erwähnte Schwäche bei der Heranziehung der Originalquellen) sind inzwischen Geschichte. Ebenso haben sie zwei wichtige, für die heutigen Forscher aber unhaltbare Thesen aufgegeben: Die These von der Sklavenrevolution, die das Ende der griechischen/römischen Welt bedeutete, ist verworfen worden, weil nicht genug Indizien dafür gefunden werden konnten. Und auch der Glaube von den Sklaven als einer homogenen Masse findet seit dem Ende der Sowjetunion immer weniger Anhänger,

---

[32] Zitiert nach: Bellen (313).
[33] Bellen (313).
[34] Maximova (3), in: Bellen/Heinen: 50 Jahre Forschungen.

stattdessen wird zugestanden, dass viele Zwischenschichten untereinander und nebeneinander existierten. „Dieses Manko ist längst behoben", schließt Bellen seine Überlegungen zu der neueren russischen Forschung (310).

„Anti-Marxismus" (20. Jahrhundert)

Zu Beginn des 20. Jahrhunderts legte die nicht-marxistische Forschung besonderen Wert auf die Untersuchung von Einzelaspekten. Besondere Wichtigkeit erlangte W. L. Westermann, der die „wohl beste Gesamtdarstellung" über das Wesen der antiken Sklaverei verfasste[35]. Das Buch „The slave systems of Greek and Roman antiquity" (1955 erschienen) und sein Artikel „Sklaverei" für die Real-Encyklopädie, die schon seit 1894 erschien, aber erst 1934 um diesen Artikel erweitert wurde, waren lange Zeit richtungweisend; für die heutige Zeit bedeute dieses Werk zwar einen Fortschritt, auch in Bezug auf die Arbeit Wallons, doch eine „endgültige Darstellung der antiken Sklaverei und ihrer Probleme" könne es nicht sein, betonte Vogt[36].

Von den Anstrengungen der russischen Wissenschaftler angespornt gründete Joseph Vogt die Mainzer Akademie im Jahr 1949, von der im Laufe der Jahre immer wieder heftige Debatten um die Bewertung der Sklaverei ausgingen. Mit dieser Gründung war der Grundstein gelegt, für eine umfassende und genaue (nach eigenen Aussagen unvoreingenommene) Analyse des Griechentums und der Sklaverei. Die Mainzer Akademie wurde interdisziplinär angelegt und ermöglichte so Langzeitstudien, die von vielen unterschiedlichen Fachkennern durchgeführt werden konnten. Auch in diesem Gebiet wird allerdings klar, dass auch starke Unterschiede zwischen den Wissenschaftlern bestehen. Finley wirft Vogt vor, dass er „den Geist des Humanismus" atme, also die Lage der Sklaven unnötig beschönige[37]. In der Tat hat Vogt, der in seinen jungen Jahren von Eduard Meyer gefördert wurde[38], eine andere Sicht auf die Sklaven und ihre Stellung. Zwar sieht er auch die negativen Aspekte (also die Unfreiheit an sich, ihre Ausbeutung), bescheinigt ihnen aber auch die Möglichkeit zum sozialen Aufstieg, weil sie oft durch ihre Herren ausgebildet wurden.

---

[35] Brockmeyer (32).
[36] Zitiert nach: Brockmeyer (32).
[37] Zitiert nach: Bellen (312).
[38] Maximova nennt des weiteren Wilhelm Schubart, Wilhelm Weber und Ulrich Wilcken (4), in: Bellen/Heinen: 50 Jahre Forschungen.

Deshalb habe auch keine Revolution das Ende der Antike eingeleitet, weil die Sklaven keine große Revolution wollten. Dies zeigt ganz klar den Gegensatz zum Marxismus.

1960 fand in Stockholm der 11. Historikerkongress statt, bei dessen Verlauf kalr wurde, dass „die Lösungen weit auseinander gehen.[39]"

Seit dem Jahr 1967 erscheinen die Ergebnisse offiziell unter dem Titel „Forschungen zur antiken Sklaverei". Bis in das Jahr 2000 hinein sind nun inzwischen 34 Bände erschienen. Das Themenspektrum ist breit gesät. Von den Bergwerkssklaven von Laureion[40] über die „Sklavenreligion"[41] und die Erwähnung der Sklaven im Theater[42] bis hin zu den Massenversklavungen[43] und der Sklavenflucht[44] sind Bände erschienen. Neben der eigenen Erforschung der Sklaverei erscheinen auch Übersetzungen ausländischer, vor allem russischer Arbeiten zur Sklaverei, die in der Reihe „Übersetzungen ausländischer Arbeiten zur antiken Welt" zusammengefasst werden. Derzeit sind 40 Forscher in Mainz mit der Erforschung der antiken Sklaverei beschäftigt.

In den Jahren 1970 bis 1981 fanden im französischen Besancon, wo auch das „Centre de recherches d'histoire ancienne" seinen Sitz hat, Zusammenkünfte vieler Wissenschaftler aus Frankreich, Italien, Polen und der DDR statt. Das Thema verschob sich mit der Zeit von der Sklaverei im Speziellen zur Abhängigkeit im Allgemeinen.

Neueste Forschung

„Weite Felder auf dem Gebiet der Sklaverei sind noch unbearbeitet", stellte Vogt im Jahr 1965 ernüchtert fest[45]. Er, wie auch andere Geschichtswissenschaftler, hatten das ferne Ziel einer Gesamtdarstellung der antiken Sklaverei, „für die es noch zu früh erscheint" (1979)[46], vor Augen. Doch dazu müsse erst einmal zu allen Einzelpunkten Stellung genommen werden.

---

[39] Vogt: Sklaverei und Humanität, 1. Auflage (108).
[40] Band 11: Siegfried Lauffer, Die Bergwerkssklaven von Laureion. 2. Auflage 1979.
[41] Band 14: Franz Bömer, Untersuchungen über die Religion der Sklaven in Griechenland und Rom, 2. Auflage 1981.
[42] Band 17: Peter P. Spranger: Historische Untersuchungen zu den Sklavenfiguren des Plautus und Terenz, 2. Auflage 1984.
[43] Band 22: Hans Volkmann: Die Massenversklavungen der Einwohner eroberter Städte in der hellenistisch-römischen Zeit, 2. Auflage 1990.
[44] Band 4: Heinz Bellen, Studien zur Sklavenflucht im römischen Kaiserreich, 1971.
[45] Vogt: Sklaverei und Humanität, Ergänzungsheft (109)

In der neuesten Geschichtsforschung (hiermit ist die Zeit ab dem Jahr 1995 gemeint) sind unzählige Untersuchungen erschienen, die sich im weitesten Kreis mit der Erforschung der griechischen Sklaverei beschäftigen. Wenn auch die Quantität nichts über die Qualität aussagen kann (was zu untersuchen diese Hausarbeit nicht imstande ist), so ist doch festzustellen, dass das Interesse an diesem Problemfeld nicht abgerissen ist.

Die bibliographische Datenbank „Gnomon-Online" listet für die Jahre 2000 bis 2002 34 neue Einzeluntersuchungen auf, die ein breites Themenspektrum abdecken. So finden sich neben Untersuchungen zu ökonomischen Aspekten[47] auch Ergebnisse von der Erforschung sozialer Probleme innerhalb der Sklaverei[48]. Die Enzyklopädie der Antike, „Der neue Pauly", ist in diesem Zeitraum um sechs weitere Artikel, die die Sklaverei in den unterschiedlichen antiken Ländern erklären sollen, erweitert worden[49]. Ein besonderes Ergebnis der Mainzer Reihe „Forschungen zur antiken Sklaverei" bildet die im Jahr 2001 erschienene „Zwischenbilanz" „Fünfzig Jahre Forschungen zur antiken Sklaverei an der Mainzer Akademie 1950 – 2000". Auch hier finden sich vielfältige Ergebnisse der Forscher aufgelistet. Für das Frühjahr 2003 ist zudem eine Neuerscheinung der „Bibliographie zur antiken Sklaverei" aus Mainz geplant. Auch das in der Literatur oft erwähnte „Handwörterbuch der antiken Sklaverei" soll folgen.

---

[46] Brockmeyer (42).
[47] Etwa: Cartledge, Paul: The political economy of Greek Slavery. In: Money, Labour and Land. Approaches to the economies of ancient Greece. Ed. durch Paul Cartledge, Edward E. Cohen und Lin Foxhall. London und New York 2002 (156-166).
[48] Vergleiche hierzu etwa: Bodel, John; Solin, Heikki: Die stadtrömischen Sklavennamen. Ein Namenbuch I - III. Forschungen zur antiken Sklaverei, Beiheft 2, Stuttgart 1996. Oder auch: Hamm, Ulrich; Klees, Hans: Sklavenleben im klassischen Griechenland. In: Gymnasium. Zeitschrift für Kultur der Antike und Humanistische Bildung, Bd. 108. Heidelberg 2001, Heft 2. (171-172).
[49] Gehrke, Hans-Joachim: Sklaverei. III. Griechenland. A. Definition und Bewertung. B. Historische Entwicklung. C. Strukturelle Elemente; Heinrichs, Johannes: Sklaverei. IV. Rom. A. Königszeit und frühe Republik. B. Späte Republik und Augusteische Zeit. C. Prinzipat bis Diocletianus. D. Spätantike; Kuchenbuch, Ludolf: Sklaverei. VI. Frühes Mittelalter; Müller-Wollermann, Renate: Sklaverei. II. Ägypten; Neumann, Hans: Sklaverei. I. Alter Orient; Prinzing, Günther: Sklaverei. V. Byzanz. Alle in: Hubert Cancik, Helmuth Schneider: Der Neue Pauly. Enzyklopädie der Antike. Altertum. Band XI. Sam - Tal. Stuttgart & Weimar.

In der Gegenwart scheint also die Rückkehr zur Erforschung von vielen Einzelproblemen in eng gefassten Themengebieten mit regionaler (wie z. B. „Hausgeborene Sklaven im Westen des Römischen Kaiserreiches"[50]) oder zeitlicher Beschränkung („Die rechtliche Stellung der spätantiken Kolonen"[51]) oder auch beidem („Sklaverei im spätantiken und frühmittelalterlichen Gallien (5.-7. Jh.)"[52]).

Doch auch mit den immer neueren und genaueren Ergebnissen bleiben viele Fragen noch offen (und manche werden es wohl immer bleiben). Vogt hatte für die Zukunft noch genug Themenvorschläge für Einzeluntersuchungen parat. So sah er „die bisher wenig beachtete Aufzucht von Sklaven im Haus und im Betrieb" als behandelnswert an oder forderte, „die von den Sklavenhändlern und Sklavenjägern bevorzugten Länder noch mehr zu beachten" (109).

Problemfelder

Die Ergebnisse der Forscher durch die Jahrhunderte hindurch unterscheiden sich oft erheblich voneinander. Dies liegt zum einen daran, dass andere Quellen herangezogen wurden, und u. U. neuere erschlossen worden waren. Aber es liegt auch an der grundsätzlichen Einstellung des jeweiligen Wissenschaftlers und der Zeit, in der er lebte. So war zum Beispiel in der wilhelminischen Ära in Deutschland vor allem politische Geschichtsschreibung gefragt.[53]

Während in der Mitte des 19. Jahrhunderts noch 565 Titel in der Bibliographie von Schulz-Falkenthal nachgewiesen wurden, sind es im Jahr 1982 bereits 5162[54]. Dies zeigt, dass Sklaven und Sklaverei bestimmende Themen in der Altertumswissenschaft sind. Das zeigt aber auch, dass sich immer mehr Streitpunkte und Problemfelder auftun, von denen im Folgenden drei kurz vorgestellt werden sollen.

---

[50] Herrmann-Otto, Elisabeth: Ex ancilla natus. Untersuchungen zu den „hausgeborenen" Sklaven und Sklavinnen im Westen des Römischen Kaiserreiches, Stuttgart 1994.
[51] Munzinger, Michael: Vincula deterrimae condicionis. Die rechtliche Stellung der spätantiken Kolonen im Spannungsfeld zwischen Sklaverei und Freiheit, München 1998.
[52] Grieser, Heike: Sklaverei im spätantiken und frühmittelalterlichen Gallien (5.-7. Jh.). Das Zeugnis der christlichen Quellen, Stuttgart 1997.
[53] Vergleiche hierzu Christ (125). Er zitiert drei Forscher aus jener Zeit, namentlich K. J. Beloch, Robert von Pöhlmann und H. Bengtson, die allesamt die unpolitische Haltung mancher Forscher zur wilhelminischen Zeit beklagen.
[54] Bellen (307); er ist der Ansicht, dass es „kaum einen Winkel der antiken Sklaverei (gibt), in den mo-

Die Menge der verfügbaren Quellen

Schon bei der Frage nach der Vielzahl der Quellen gehen die Ansichten der Geschichtsgelehrten weit auseinander. Dies hat für die dann folgende Erforschung des Themas keine direkten Folgen, zeigt aber, dass schon bei einem grundsätzlichen Thema die Ansichten breit gefächert sind. Schumacher zum Beispiel geht davon aus, dass die Anzahl „erstaunlich vielfältig" ausgefallen sei[55]. Auch Vogt sieht dies ähnlich. Über die Sklaven sei in den Komödien, Plastiken, in der Literatur, der Dichtung, den Inschriften und Malerein und den Reden viel überliefert worden, aus dem die heutigen Wissenschaftler viel Nutzen schlagen könnten. Als „spärlich" sieht dagegen Brockmeyer die verfügbare Quellenlage an. Und auch Vittinghoff beklagt die Dürftigkeit der Quellen (487). Die Forschungslage sei „nicht gerade gut."

Die Rolle des Christentums

Noch im vierten Jahrhundert nach Christus wetterte Bischof Theodoros von Mopsuestia:

> „Viele in unserer Zeit, die keine Ahnung haben, was wann und auf welche Weise geschehen soll, glauben aus Gründen der Religion alles im gegenwärtigen Leben durcheinander bringen zu müssen, und dass daher kein Unterschied zwischen Herren und Sklaven sei."

Die Rolle des Christentums, besonders wenn es um die Frage geht, ob und inwieweit die Christen oder kirchlichen Vertreter für die Abschaffung der Sklaverei eingetreten sind, ist heiß umstritten. Besonders im 19. Jahrhundert war diese Frage ein wichtiges Thema. Mehrere Universitäten und Vereine/Gemeinschaften riefen in Ausschreibungen dazu auf, die Rolle des Christentums zu untersuchen. Im Jahr 1837 wollte die „Academie des Sciences Morales et Politiques" die Ablösung der Sklaverei durch die Leibeigenschaft untersucht sehen. Die Universität Cambridge schloss sich diesem Thema an, und machte 1845 eine Ausschreibung unter dem Titel „Der Einfluss des Christentums auf den Fortschritt der Aufhebung der Sklaverei in Europa". Und schließlich forderte 17 Jahre später die Gesellschaft zur Verteidigung der christlichen Religion in Den Haag eine wissenschaftliche Erklärung der Bibelstellen zur Sklaverei und wie die Sklaverei unter dem Geiste und den Prinzipien des Christentums zu betrachten sei.

---

derne Gelehrsamkeit nicht hineingeleuchtet" habe.
[55] Schumacher (303). Allerdings bezieht er sich bei seiner Vermutung nur auf die archäologischen Funde.

Die Ansichten darüber wechselten in den Jahrzehnten häufig. Henri Wallon vertrat in seinem berühmten, bereits oben erwähnten Werk die Ansicht, die Abschaffung der Sklaverei sei im Wesentlichen auf den Einfluss des Christentums zurückzuführen. Westermann allerdings, ebenso wie Franz Overbeck und John Millar (bereits im Jahr 1771), lehnten diese These ab. Und Paul Allard (1876) kam wiederum zu dem Schluss, dass das Christentum die Sklaverei strikt abgelehnt habe und diese Haltung letztendlich zur Abschaffung dieser Institution geführt habe[56].

Leonhard Schumacher kommt zu dem Schluss, dass das Christentum „bekanntlich die Sklaverei als Institution keineswegs in Frage gestellt, sie vielmehr als eine ‚göttliche Schöpfungsordnung moralisch begründet und theologisch gerechtfertigt'" habe (310).

Auch in diesem Punkt streiten sich also die Wissenschaftler.

Die Anzahl der Sklaven und ihr Anteil an der Gesamtbevölkerung

Der Glaube des einzelnen Forschers über die Anzahl der Sklaven und ihrem Anteil an der (ansonsten freien) Gesamtbevölkerung ist wichtig, da er auch etwas über die angenommene Stellung und Wichtigkeit der Sklaverei im antiken Griechenland aussagt. Man könnte durchaus die Hypothese aufstellen: „Je höher die Zahl der Sklaven geschätzt wird, desto wichtiger erscheinen diese für die Gesellschaft, desto mehr steht der jeweilige Geschichtswissenschaftler dem Marxismus nahe (weil seine Anhänger generell von einer sehr hohen Sklavenzahl ausgingen)."

Es ist auffällig, wie unterschiedlich die Beurteilung der Sklavenzahl ausfallen kann. Dabei beriefen sich viele von ihnen auf die Berichte des Athenaios, der Sklavenzahlen von über 400.000 in seinen Schriften genannt hatte[57]. Die Auslegung dieser Schriften fiel, auch in den verschiedenen Zeiten, z. T. sehr unterschiedlich aus[58].

---

[56] Vgl.: Brockmeyer (19).
[57] Vergleiche hierzu: Lencman (3). In Korinth hätten über 460.000, in Attika 400.000 und auf der Ägina 470.00 Sklaven gelebt.
[58] Vergleiche zu den einzelnen Sklavenzahlen der Forscher die Ausführungen von Lencman (3-37).

W. L. Westermann stufte diese Zahlen als „of no historical value" ein[59]. Bereits 1752 hatte D. Hume geglaubt, sie als unwahr enttarnt zu haben. 1817 verteidigte A. Boeckh die Angaben und kam auf eine Gesamtzahl von 365.000 Sklaven bei 135.000 Freien (Verhältnis 4:1). 1832 wiederum stufte J.-F. Letronne Athenaios' Bericht als unglaubwürdig ein und verringerte die geschätzte Sklavenzahl auf 120.000. H. Wallon erhöhte sie wenig später wiederum auf rund 200.000. Friedrich Engels führt 365000 Sklaven an (18:1). Auch der russische Wissenschaftler M. S. Kutorga bestand im Jahr 1884 auf die Zahlen von Athenaios. Zwei Jahre später entwickelte W. Richter die Idee, dass in Athen die Sklavenzahl mit nur 50.000 angesetzt werden müsse, um wiederum im Jahr 1898 von E. Meyer korrigiert zu werden. Dieser glaubte, die Zahl der Sklaven in ganz Attika auf 150.000 festlegen zu können, was einem Verhältnis zu den Freien von nahezu 1:1 entsprach. Auch im 20. Jahrhundert rissen die Bemühungen der Forscher nicht ab, die „wahre" Menge an Sklaven herauszufinden. Die französische Forscherin Sargent schlussfolgerte aus ihren Berechnungen zu Beginn des 20. Jahrhunderts um die 90.000 Unfreie, was einem Drittel der Gesamtbevölkerung entsprochen hätte. A. W. Gomme legte sich noch genauer fest. Für das Jahr 431 gab er eine Zahl von 115.000 Sklaven für ganz Attika an (Verhältnis fast 1:1). Finley hielt eine Sklavenbevölkerung von um die 100.000 für realistisch. Joseph Vogt soll als letzter angeführt werden. Er vermutete, dass die Sklaven rund ein Drittel der Freien ausmachten.

Wenn sich die Gelehrten durch die Jahrhunderte schon nicht über die Gesamtbevölkerung der Unfreien einigen konnten, so ging dies um so weniger bei der Frage nach dem prozentualen Anteil an der Gesamtbevölkerung (also inklusive Freien und Metöken), denn diese sagt auch etwas über die Wichtigkeit der Sklaven für den athenischen Staat aus. Und die bewertet fast jeder Forscher unterschiedlich.

Fragwürdig blieb bis heute, ob die vorhandenen Zahlen des Athenaios sich nur auf die männlichen Sklaven beziehen, wenn ja, ab welchem Alter?, ob sie für ganz Attika oder nur für Athen gelten.

Dies alles zeigt, dass die Forscher doch relativ im Dunkeln tappen über die tatsächliche Sklavenzahl und sich bei ihren Untersuchungen auf dünnem Eis fortbewegen.

---

[59] Er fügt hinzu: „The passage of Athaenus ... must be dropped in toto." Zitiert nach: Lencman (3).

Denn genaue Angaben, die zum Beispiel aus Volkszählungen resultieren würden, existieren nicht (mehr) oder sind noch nicht wieder entdeckt. Lencman kommt zu dem Schluss: „Deshalb sind alle Schlussfolgerungen fragwürdig." (18)

Fazit

Wer die Antike verstehen will, darf die Sklaverei nicht ausklammern. Doch weil mehr als 2000 Jahre zwischen unserer und der damaligen Welt liegen, ist die Antike uns sehr fremd. Zudem ist die Institution der Sklaverei gegen unsere heutigen Moralvorstellungen. Das alles macht die Erfassung des Themas mehr als schwierig

Es fällt auf, wie sehr die Forscher in den verschiedenen Epochen von den äußeren Umständen beeinflusst wurden. Besonders zur Zeit des Kalten Krieges wurde das Thema der Sklaverei oft zum Vorwand missbraucht, um über die entgegen gesetzten Ideologien streiten zu können.

Ein Beispiel: Leider ist auch die neuere Forschung immer wieder den (unbewussten) ideologischen Gegensätzen erlegen. So nannte Vogt in einer wissenschaftlichen Arbeit Marx einen „großen Einäugigen"[60]. Leider hat Vogt hier, vielleicht unbewusst, seinen Antipathien gegen Marx freien Lauf gelassen. Für einen Wissenschaftler stellt diese persönliche Diffamierung eigentlich ein Armutszeugnis dar und ist einer wissenschaftlichen Arbeit nicht würdig.

Die neuen Veröffentlichungen zeigen, dass die Wissenschaftler auf ihrem Weg zur Erfassung des gesamten Problems der Sklaverei ein gutes Stück vorangekommen sind. Ihre Bemühungen sind so weit vorangeschritten, dass ein Handwörterbuch, in dem viele Facetten der Sklaverei auftauchen müssen, in Arbeit ist. Sicherlich tut es ihnen gut, dass sie nicht mehr den Ost West Konflikt als Statthalter austragen müssen und sich seit 1990 wieder mehr auf ihre eigentliche Arbeit konzentrieren können. Einflüsse von außen werden wohl aber auch in Zukunft nicht ausbleiben.

---

[60] Vogt: 1. Auflage (101).

Literaturverzeichnis

1. Alföldy, Gescha: Antike Sklaverei. Widersprüche – Sonderformen – Grundstrukturen, Bamberg 1988.
2. Bellen, Heinz: Die antike Sklaverei als moderne Herausforderung, in: Schuhmacher, Leonhard (Hg.): Politik – Recht – Gesellschaft. Studien zur Alten Geschichte, Stuttgart 1997.
3. Bellen, Heinz; Heinen, Heinz: 50 Jahre Forschungen zur antiken Sklaverei an der Mainzer Akademie 1950 – 2000, Stuttgart 2001.
4. Brockmeyer, Norbert: Antike Sklaverei, Darmstadt 1979.
5. Christ, Karl: Griechische Geschichte und Wissensgeschichte, Stuttgart 1996.
6. Finley, Moses I.: Ancient slavery and modern ideology, London 1980.
7. Finley, Moses I.: Slavery in Classical Antiquity, Cambridge 1960.
8. Garlan, Y.: Slavery in ancient Greece, London 1988.
9. Lencman, J. A.: Die Sklaverei im mykenischen und homerischen Griechenland, Wiesbaden 1966.
10. Reilly, L. C.: Slaves in ancient Greece, Chicago 1978.
11. Schumacher, Leonhard: Sklaverei in der Antike. Alltag und Schicksal der Unfreien, München 2001.
12. Vittinghoff, Friedrich: Civitas Romana, Stuttgart 1994.
13. Vogt, Joseph: Sklaverei und Humanität. Studien zur antiken Sklaverei und ihrer Erforschung, Wiesbaden 1965.
14. Vogt, Joseph: Sklaverei und Humanität. Studien zur antiken Sklaverei und ihrer Erforschung. 2. und erweiterte Auflage, Ergänzungsheft, Wiesbaden 1965.